PLACES
TO REMEMBER

A TRAVEL JOURNAL

IF FOUND, PLEASE

RETURN TO:

NAME: _____

ADDRESS: _____

PHONE: _____

EMAIL: _____

Packing List

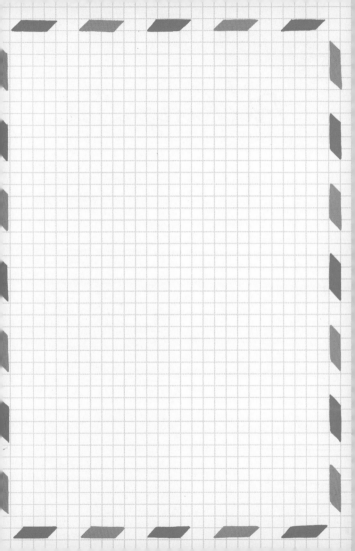

Packing List

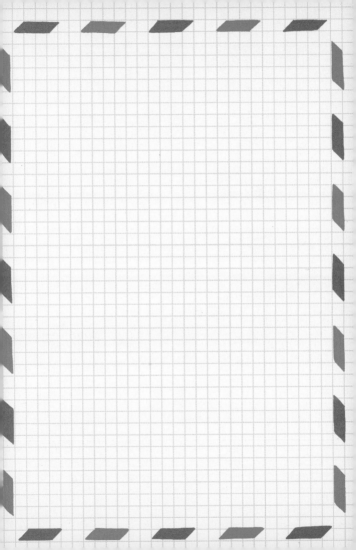

PLACES TO GO

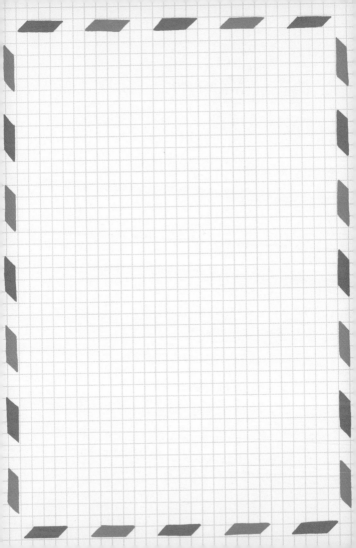

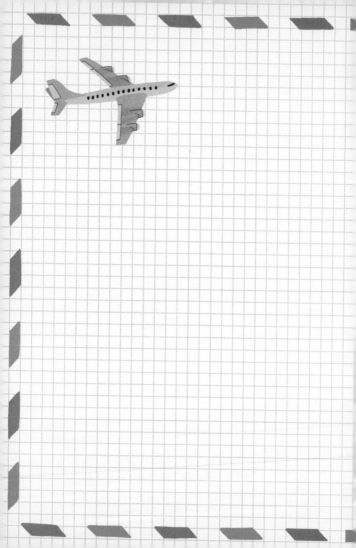

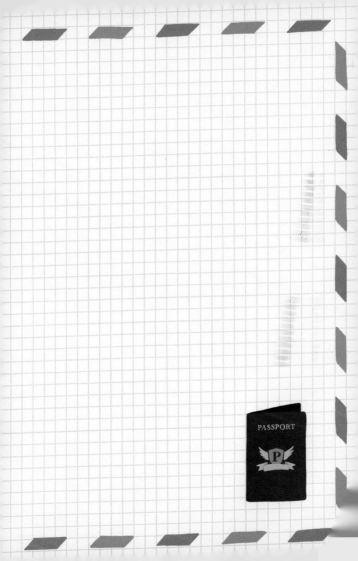

Reminders

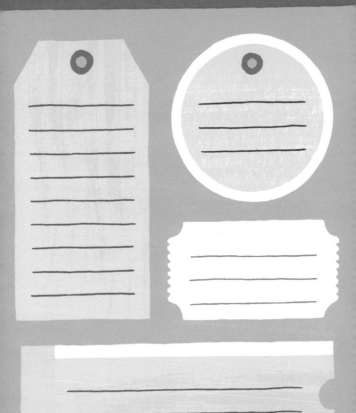

JE T'AIME

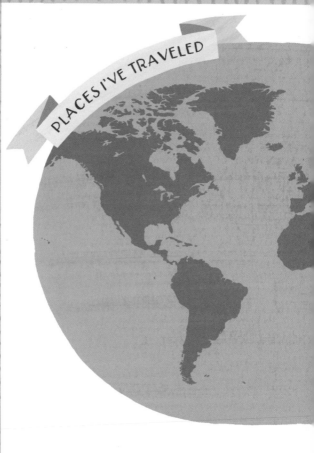

PLACES I'VE TRAVELED

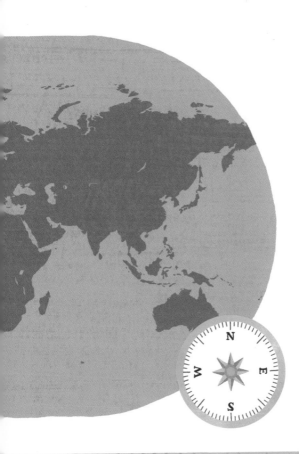

SCHEDULE *at a glance*

SUN.	MON.	TUES.	WEDS.

THURS.	FRI.	SAT.	NOTES

SCHEDULE *at a glance*

SUN.	MON.	TUES.	WEDS.

THURS.	FRI.	SAT.	NOTES

SCHEDULE *at a glance*

SUN.	MON.	TUES.	WEDS.

THURS.	FRI.	SAT.	NOTES

SCHEDULE *at a glance*

SUN.	MON.	TUES.	WEDS.

THURS.	FRI.	SAT.	NOTES

SCHEDULE *at a glance*

SUN.	MON.	TUES.	WEDS.

THURS.	FRI.	SAT.	NOTES

ITINERARY

DESTINATION: _____

ARRIVAL: _____ DEPARTURE: _____

ACTIVITIES	LODGING
_____	
_____	
_____	
_____	
_____	
_____	
_____	
_____	
_____	
_____	
_____	
_____	
_____	
_____	

NOTES: _____
_____
_____
_____

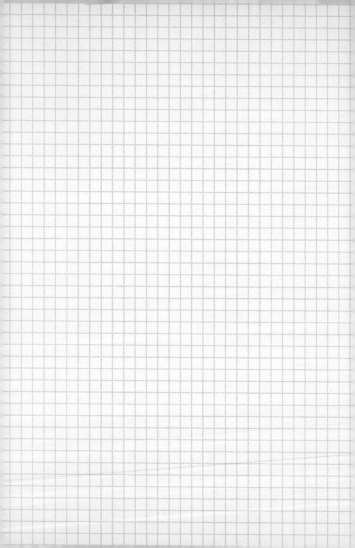

ITINERARY

DESTINATION: _____

ARRIVAL: _____ DEPARTURE: _____

ACTIVITIES	LODGING
_____	
_____	
_____	
_____	
_____	
_____	
_____	
_____	
_____	
_____	
_____	
_____	
_____	
_____	

NOTES: _____
_____
_____
_____

ITINERARY

DESTINATION: _____

ARRIVAL: _____ DEPARTURE: _____

ACTIVITIES

_____
_____
_____
_____
_____
_____
_____
_____
_____
_____
_____
_____
_____
_____
_____

LODGING

NOTES: _____
_____
_____
_____

 ITINERARY

DESTINATION: _____

ARRIVAL: _____ DEPARTURE: _____

ACTIVITIES

_____
_____
_____
_____
_____
_____
_____
_____
_____
_____
_____
_____
_____
_____
_____

LODGING

NOTES: _____
_____
_____
_____

ITINERARY

DESTINATION: _____

ARRIVAL: _____ DEPARTURE: _____

ACTIVITIES	LODGING
_____	
_____	
_____	
_____	
_____	
_____	
_____	
_____	
_____	
_____	
_____	
_____	
_____	

NOTES: _____
_____
_____
_____

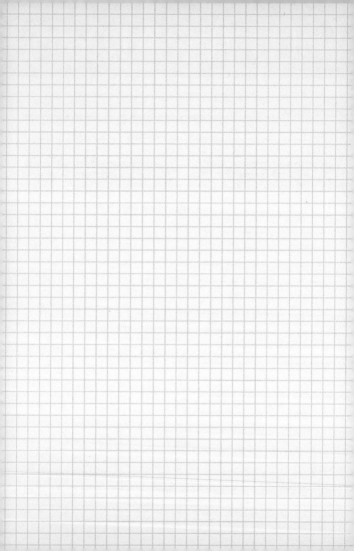

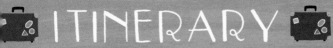

ITINERARY

DESTINATION: _____

ARRIVAL: _____ DEPARTURE: _____

ACTIVITIES	LODGING
_____	
_____	
_____	
_____	
_____	
_____	
_____	
_____	
_____	
_____	
_____	
_____	
_____	

NOTES: _____
_____
_____
_____

ITINERARY

DESTINATION: _____

ARRIVAL: _____ DEPARTURE: _____

ACTIVITIES	LODGING
_____	
_____	
_____	
_____	
_____	
_____	
_____	
_____	
_____	
_____	
_____	
_____	
_____	
_____	

NOTES: _____
_____
_____
_____

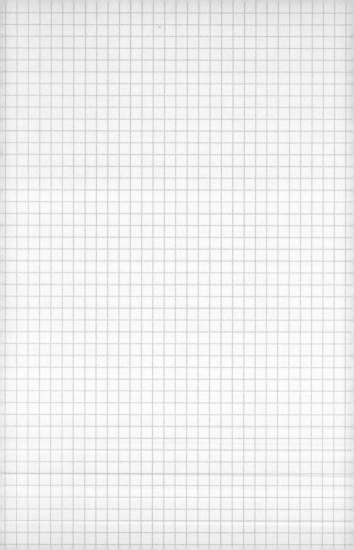

ITINERARY

DESTINATION: _____

ARRIVAL: _____ DEPARTURE: _____

ACTIVITIES

_____
_____
_____
_____
_____
_____
_____
_____
_____
_____
_____
_____
_____
_____

LODGING

NOTES: _____
_____
_____
_____

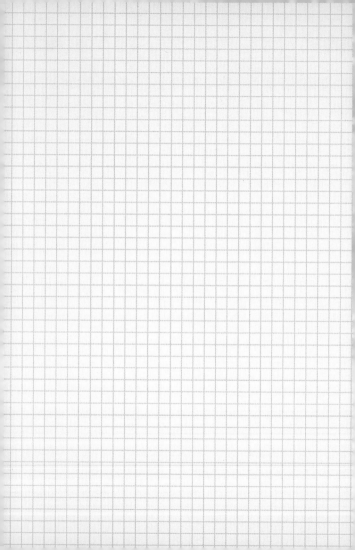

ITINERARY

DESTINATION: _____

ARRIVAL: _____ DEPARTURE: _____

ACTIVITIES	LODGING
_____	
_____	
_____	
_____	
_____	
_____	
_____	
_____	
_____	
_____	
_____	
_____	
_____	
_____	

NOTES: _____
_____
_____
_____

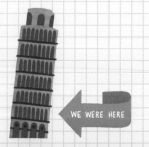
WE WERE HERE

ITINERARY

DESTINATION: _____

ARRIVAL: _____ DEPARTURE: _____

ACTIVITIES

_____
_____
_____
_____
_____
_____
_____
_____
_____
_____
_____
_____
_____

LODGING

NOTES: _____
_____
_____
_____

Date / /

Date / /

Date / /

Date / /

Date / /

Date / /

Date / /

Date / /

Date / /

Date / /

Date / /

Date / /

Date / /

Date / /

Date / /

Date / /

SUBJECT:

DATE:

AROUND
the
WORLD

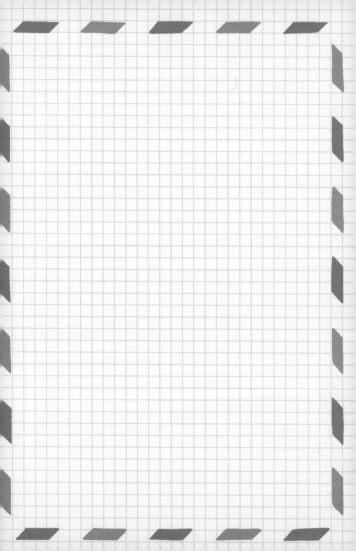

Explore

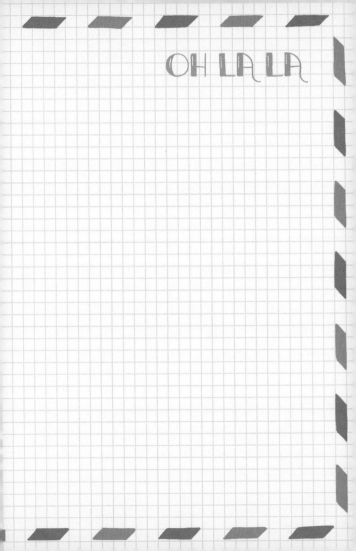

OH LA LA

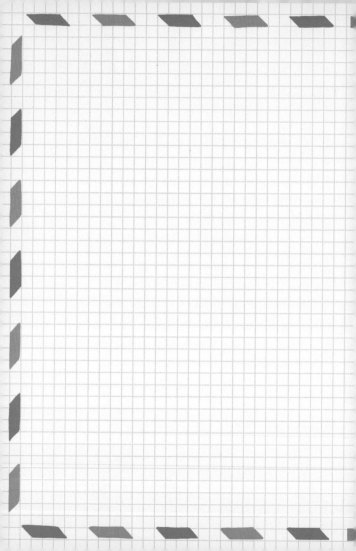

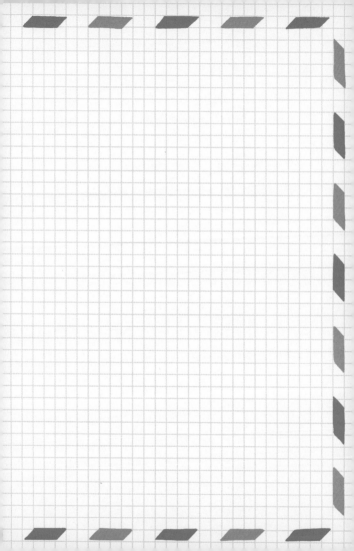

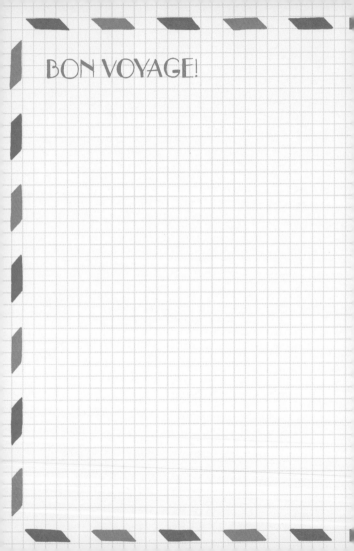

BON VOYAGE!

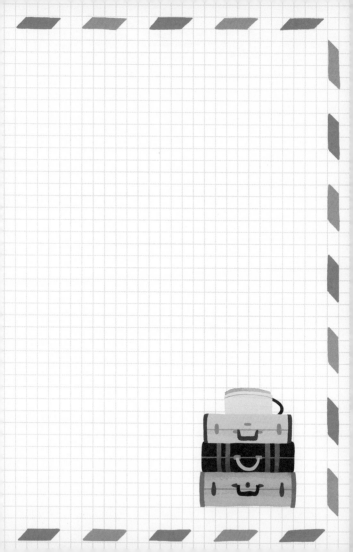

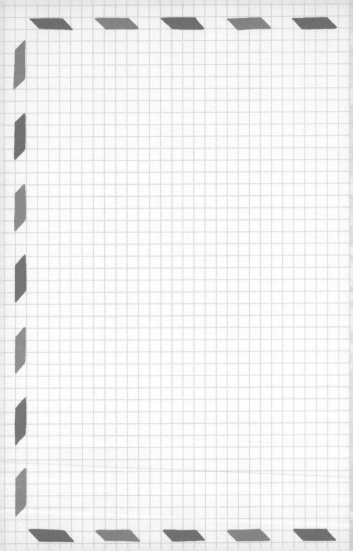

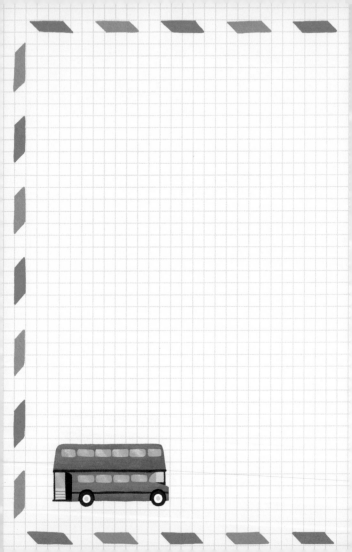

See and Do

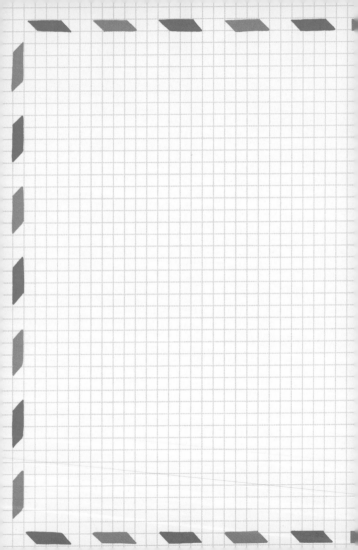

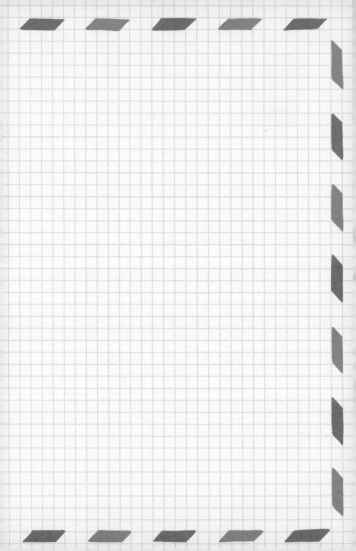

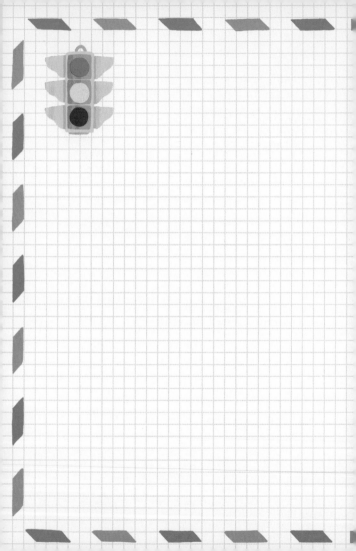

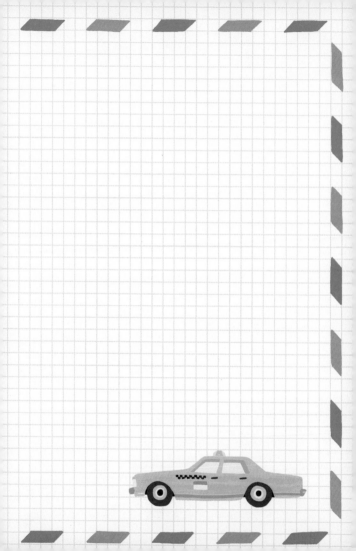

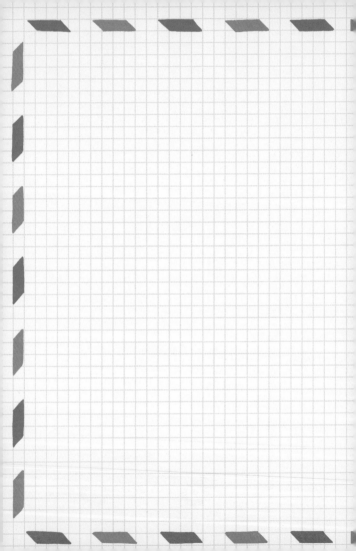

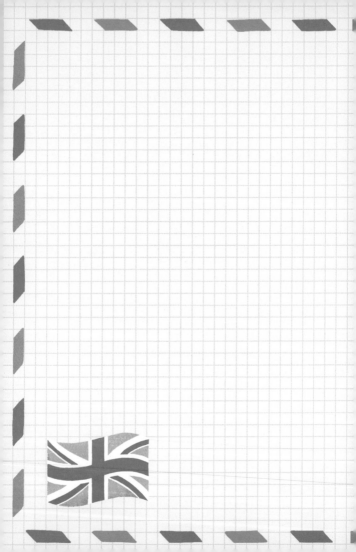

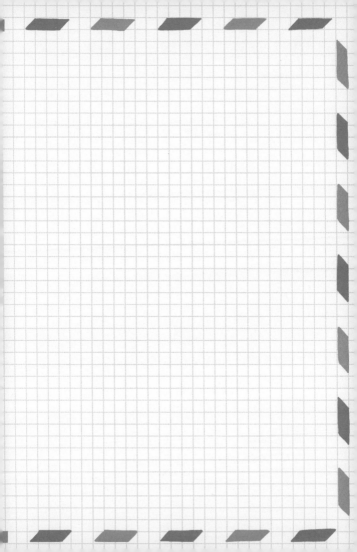

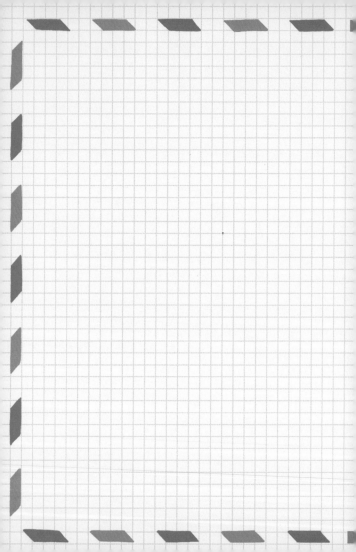

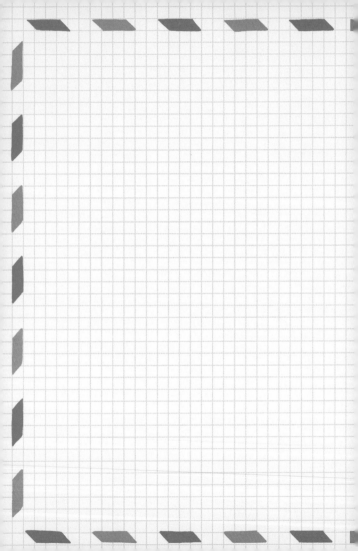

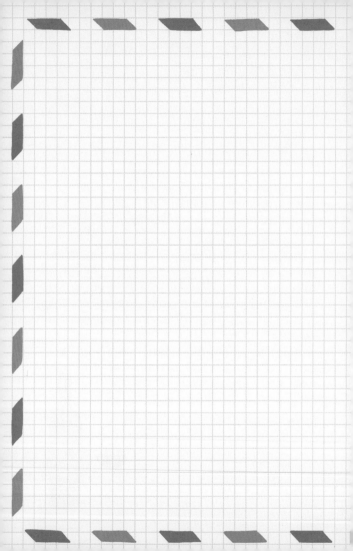

Expense Log

DATE	DESCRIPTION	COST

Expense Log

DATE	DESCRIPTION	COST

Expense Log

DATE	DESCRIPTION	COST

Expense Log

DATE	DESCRIPTION	COST

Expense Log

DATE	DESCRIPTION	COST

Expense Log

DATE	DESCRIPTION	COST

Expense Log

DATE	DESCRIPTION	COST

CONTACTS

NAME: _____
ADDRESS: _____
PHONE: _____
EMAIL: _____

NAME: _____
ADDRESS: _____
PHONE: _____
EMAIL: _____

NAME: _____
ADDRESS: _____
PHONE: _____
EMAIL: _____

NAME: _____
ADDRESS: _____
PHONE: _____
EMAIL: _____

NAME: _____
ADDRESS: _____
PHONE: _____
EMAIL: _____

NAME: _____
ADDRESS: _____
PHONE: _____
EMAIL: _____

NAME: _____
ADDRESS: _____
PHONE: _____
EMAIL: _____

NAME: _____
ADDRESS: _____
PHONE: _____
EMAIL: _____

NAME: _____
ADDRESS: _____
PHONE: _____
EMAIL: _____

CONTACTS

NAME: _____
ADDRESS: _____
PHONE: _____
EMAIL: _____

NAME: _____
ADDRESS: _____
PHONE: _____
EMAIL: _____

NAME: _____
ADDRESS: _____
PHONE: _____
EMAIL: _____

NAME: _____
ADDRESS: _____
PHONE: _____
EMAIL: _____

NAME: _____
ADDRESS: _____
PHONE: _____
EMAIL: _____

NAME: _____
ADDRESS: _____
PHONE: _____
EMAIL: _____

NAME: _____
ADDRESS: _____
PHONE: _____
EMAIL: _____

NAME: _____
ADDRESS: _____
PHONE: _____
EMAIL: _____

NAME: _____
ADDRESS: _____
PHONE: _____
EMAIL: _____

CONTACTS

NAME: _____
ADDRESS: _____
PHONE: _____
EMAIL: _____

NAME: _____
ADDRESS: _____
PHONE: _____
EMAIL: _____

NAME: _____
ADDRESS: _____
PHONE: _____
EMAIL: _____

NAME: _____
ADDRESS: _____
PHONE: _____
EMAIL: _____

NAME: _____
ADDRESS: _____
PHONE: _____
EMAIL: _____

NAME: _____
ADDRESS: _____
PHONE: _____
EMAIL: _____

NAME: _____
ADDRESS: _____
PHONE: _____
EMAIL: _____

NAME: _____
ADDRESS: _____
PHONE: _____
EMAIL: _____

NAME: _____
ADDRESS: _____
PHONE: _____
EMAIL: _____

NAME: _____
ADDRESS: _____
PHONE: _____
EMAIL: _____

NAME: _____
ADDRESS: _____
PHONE: _____
EMAIL: _____

NAME: _____
ADDRESS: _____
PHONE: _____
EMAIL: _____

NAME: _____
ADDRESS: _____
PHONE: _____
EMAIL: _____

NAME: _____
ADDRESS: _____
PHONE: _____
EMAIL: _____

NAME: _____
ADDRESS: _____
PHONE: _____
EMAIL: _____

NAME: _____
ADDRESS: _____
PHONE: _____
EMAIL: _____

NAME: _____
ADDRESS: _____
PHONE: _____
EMAIL: _____

NAME: _____
ADDRESS: _____
PHONE: _____
EMAIL: _____

CONTACTS

NAME: _____
ADDRESS: _____
PHONE: _____
EMAIL: _____

NAME: _____
ADDRESS: _____
PHONE: _____
EMAIL: _____

NAME: _____
ADDRESS: _____
PHONE: _____
EMAIL: _____

NAME: _____
ADDRESS: _____
PHONE: _____
EMAIL: _____